BLUE SKY WHITE STARS

is an ode to our nation's greatest and most enduring symbol—our flag.

A spare, poetic text has inspired the gorgeous artwork by the acclaimed Kadir Nelson. Together, the book brims with iconic American imagery, including majestic landscapes and the beauty and diversity of its people.

From a view of the Statue of Liberty on Ellis Island to civil rights marchers banded together, each spread depicts a sweeping view of America—its strength and inclusiveness—from sea to shining sea.

Visually stunning and deeply evocative, this book celebrates our country's history and symbols and their promise for all Americans.

UN CIELO AZUL BLANCAS ESTRELLAS

es una oda al más grande y perdurable símbolo de nuestra nación: nuestra bandera.

El texto, sencillo y poético, fue fuente de inspiración para el maravilloso trabajo artístico del aclamado Kadir Nelson. Juntos, rebosan de imágenes icónicas de Estados Unidos, que incluyen espléndidos paisajes y la belleza y diversidad de su pueblo.

Desde una imagen de la Estatua de la Libertad en la isla Ellis hasta los manifestantes entrelazados en su lucha por los derechos civiles, cada doble página representa una vista panorámica de Estados Unidos—su fortaleza y su diversidad—de costa a costa.

Visualmente deslumbrante y profundamente evocativo, este libro rinde homenaje a la historia y a los símbolos de nuestra nación, así como a la promesa que representan para todos los estadounidenses.

BLUE SKY
WHITE STARS

UN CIELO AZUL
BLANCAS ESTRELLAS

SARVINDER NABERHAUS

Illustrated by · Ilustrado por

KADIR NELSON

Bilingual edition adapted by / Edición bilingüe adaptada por

TERESA MLAWER

PUFFIN BOOKS

Blue sky
White stars

Un cielo azul
Blancas estrellas

Blue sky

White stars

Azul celeste

Blancas estrellas

Red rows
Hileras rojas

Red rows
Franjas rojas

White rows
Estelas blancas

WHITE ROWS
FRANJAS BLANCAS

RED, WHITE, AND BLUE
ROJO, BLANCO Y AZUL

OLD GLORY
ESPLENDOR Y GLORIA

OLD GLORY

ESPLENDOR Y GLORIA

Sea waves
Un mar de ondas

See waves
Un mar de ondas

SEW TOGETHER
WON NATION

PUNTADA A PUNTADA
UNA NACIÓN

So together, One nation
Todos unidos, Una nación

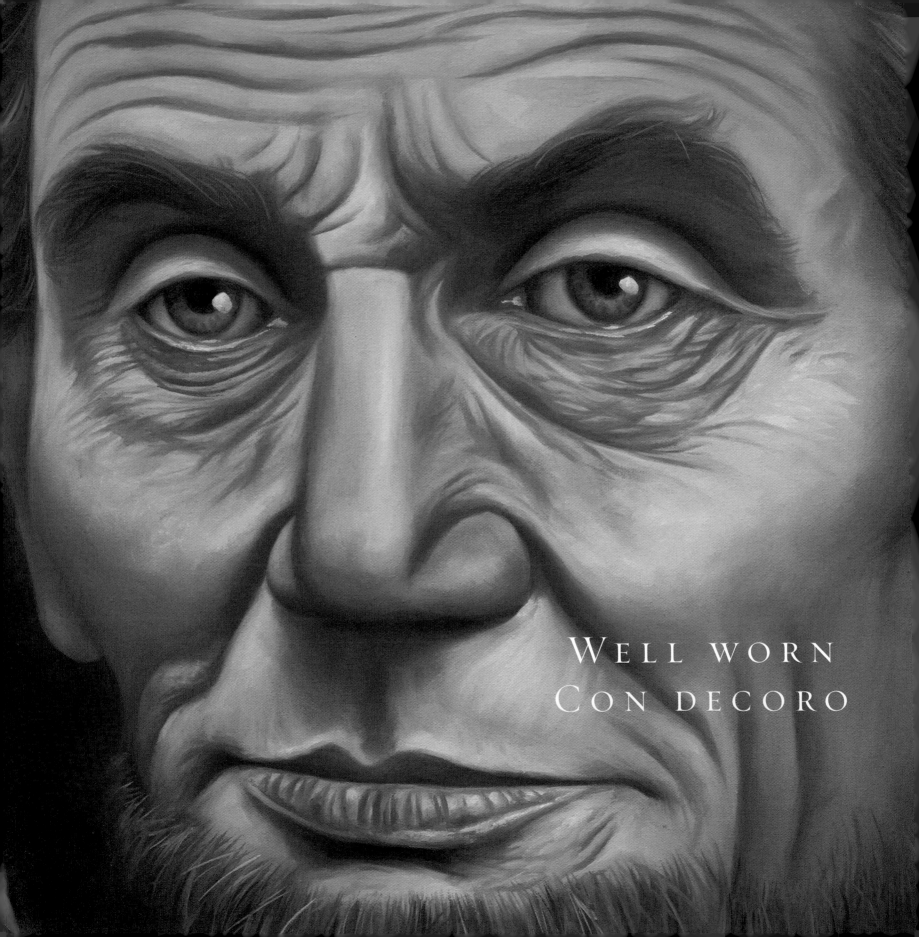

Well worn
Con decoro

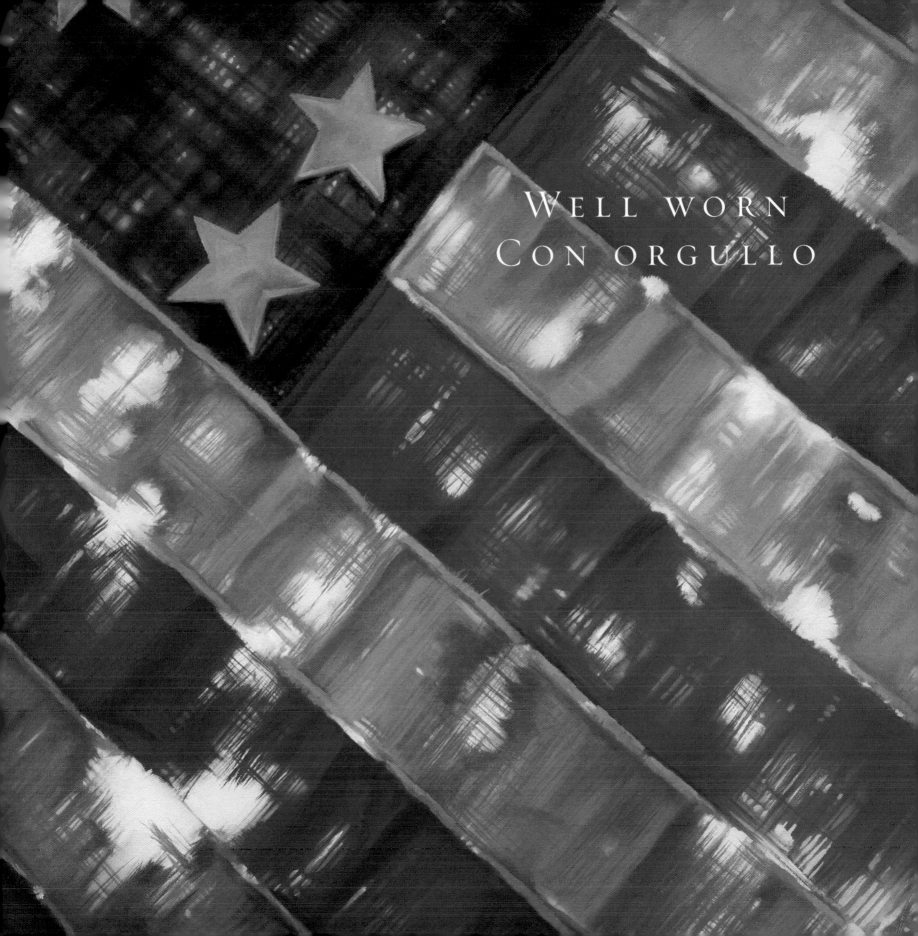

Well worn
Con orgullo

Woven Together
Entrelazados

WOVEN TOGETHER
ENTRELAZADOS

ALL AMERICAN
ESTAMPA AMERICANA

All American
Estampa Americana

STAND PROUD
CON ORGULLO

STAND PROUD
CON ORGULLO

Rising up
Se eleva

RISING UP
SE ELEVA

Fly high

Asciende alto

FLY HIGH
ASCIENDE ALTO

FREEDOM
LIBERTAD

RED, WHITE, BLUE SKY, WHITE STARS

ROJO, BLANCO, UN CIELO AZUL,
BLANCAS ESTRELLAS

FOREVER
POR SIEMPRE

To Goga, Jyoti, Nick, Tom, Ruth, Daniel, Joel, and Nikole, and all the generations of immigrants —S.N.

A NOTE FROM THE AUTHOR

This story was written as a parallel between America and its flag—the same words describe both. I began this book thinking of the deep blue sky dotted with white stars that early immigrants to this country saw as they boarded ships headed toward religious freedom in the New World.

In the early 1920s my great-grandfather, Boota Singh Bal, boarded a ship to come to America but at the last minute changed his mind. My dad wished he had stayed on the boat and embarked on the journey. It was my dad's dream to come to America, which he achieved through a veterinary medicine scholarship. In 1965, when I was nearly four years old, my family left Punjab, India, and traveled over 7,000 miles to join my father. Thus began my lifelong journey assimilating into the culture that fostered the American dream, eventually becoming a citizen in 1996. Like my dad, I've followed my dreams which led me to this story, where blue sky is filled with white stars.

ACKNOWLEDGMENTS

I want to acknowledge Ann Green for her immeasurable help with *Blue Sky*. I also want to acknowledge the Bal family, Harpal and Harbhajan, who brought me to this country; my kids and husband, as well as the Randhawa family and Naberhaus family. A special thanks to Kadir Nelson, Lucia Monfried, Lauri Hornik, Jenny Kelly, Ammi-Joan Paquette, my online critique groups, Write Away (Jody Little, Sandy Grubb, Suzanne Klein, Jill Van Den Eng, Kerry McGee, Diana Schaffter) and the Ames group (Jane Metcalf, Susan Schmid, Kate Sharp, Christina Robinson, Tara Gartin, and Rahele Bell).

A Goga, Jyoti, Nick, Tom, Ruth, Daniel, Joel, y Nikole, y a todas las generaciones de inmigrantes —S.N.

NOTA DE LA AUTORA

Esta historia es una analogía entre la nación de Estados Unidos y su bandera—las mismas palabras, o similares, en el caso de esta edición bilingüe describen a ambas. Comencé este libro pensando en el intenso cielo azul, salpicado de blancas estrellas, que los primeros inmigrantes quizá vieron al embarcarse hacia el Nuevo Mundo en busca de libertad de religión.

A principios de la década de 1920, mi bisabuelo, Boota Singh Bal, subió a bordo de un barco con destino a América, pero en el último minuto se arrepintió. Mi padre hubiera preferido que se hubiese quedado en el barco y emprendiera el viaje. Mi padre siempre soñó con venir a América, lo cual finalmente logró gracias a una beca que recibió para estudiar medicina veterinaria. En 1965, cuando yo tenía casi cuatro años, mi familia dejó Punjab, India, y viajamos más de 7,000 millas para reunirnos con él. Y así comenzó mi recorrido por la vida, asimilando la cultura que fomentó mi sueño americano hasta hacerme ciudadana en 1966. Al igual que mi padre, yo perseguí mis sueños hasta llegar a esta historia, donde un cielo azul aparece cubierto de blancas estrellas.

AGRADECIMIENTOS

Deseo dar las gracias a Ann Green por su inconmensurable ayuda con *Blue Sky*. También quiero expresar mi agradecimiento a la familia Bal, Harpal y Harbhajan, por traerme a este país; a mis hijos y a mi esposo, así como a las familias Randhawa y Naberhaus. Un especial agradecimiento a Kadir Nelson, Lucia Monfried, Lauri Hornik, Jenny Kelly, Ammi-Joan Paquette, y a mis grupos de críticos en línea, Write Away (Jody Little, Sandy Grubb, Suzanne Klein, Jill Van Den Eng, Kerry McGee, Diana Schaffter) y al grupo Ames (Jane Metcalf, Susan Schmid, Kate Sharp, Christina Robinson, Tara Gartin, y Rahele Bell).

FOR EVERY AMERICAN, LIFE, LIBERTY, AND
the PURSUIT OF HAPPINESS
—K.N.

A TODOS LOS ESTADOUNIDENSES,
A LA VIDA, LA LIBERTAD Y LA BÚSQUEDA
DE LA FELICIDAD. —K.N.

A NOTE FROM THE ILLUSTRATOR

I am very proud to have created this series of paintings illustrating Sarvinder Naberhaus's poetic celebration of the American flag. I was immediately struck by the author's sparse yet rousing text—its simplicity and power; its beautifully drawn parallels between the American landscape and the diversity of its people, and the symbolism stitched into the fabric. It is the American ideals that have continued to echo in our hearts and minds throughout our tumultuous history.

With each painting, I was inspired to remind readers of the resilience of American principles, and that as we continue to push forward, our strength lies in our willingness to embrace our differences. I hope this work will always remind us that our ever-evolving country was forged by—and for—people from all walks of life and every background, and that our future as a nation hinges on Abraham Lincoln's enduring admonition that, "a house divided cannot stand." The American flag is a shining symbol that calls us to remember that we have the potential to uphold the promise of "Life, Liberty, and the Pursuit of Happiness," together. Only together . . .

NOTA DEL ILUSTRADOR

Me siento muy orgulloso de haber creado las pinturas para ilustrar las poéticas palabras de Sarvinder Naberhaus, en honor a la bandera de Estados Unidos. Me impresionó el texto, de pocas pero conmovedoras palabras, de la autora: su simplicidad y poder; la belleza dc la analogía entre el paisaje de Estados Unidos y la diversidad de su pueblo, y el simbolismo tejido en su fibra. Son esos ideales americanos los que siempre han resonado en nuestros corazones y en nuestras mentes a través de nuestra tumultuosa historia.

Con cada dibujo quise que los lectores tuvieran presente la firmeza de los principios de Estados Unidos, y que, según nos vamos abriendo camino, nuestra fortalcza radica en nuestro deseo de aceptar y respetar nuestras diferencias. Es mi esperanza que esta obra nos recuerde que nuestro país, en constante evolución, fue forjado por—y para—gente de diversos ámbitos y procedencia, y que nuestro futuro como nación depende en la sensible amonestación de Abraham Lincoln: «una casa dividida no puede sostenerse». La bandera de Estados Unidos es un símbolo radiante que nos recuerda que la promesa de «vida, libertad y la búsqueda de la felicidad» depende de todos nosotros, juntos. Y solamente juntos . . .

Puffin Books | An imprint of Penguin Random House LLC, New York

Originally published by Dial Books for Young Readers, 2017 | Paperback edition originally published by Puffin Books, 2018

Text copyright © 2017 by Sarvinder Naberhaus. | Illustrations copyright © 2017 by Kadir Nelson.

Spanish text © 2019 by Penguin Random House LLC | Penguin supports copyright. Copyright fuels creativity, encourages diverse voices, promotes free speech, and creates a vibrant culture. Thank you for buying an authorized edition of this book and for complying with copyright laws by not reproducing, scanning, or distributing any part of it in any form without permission. You are supporting writers and allowing Penguin to continuc to publish books for every reader. CIP Data is available.

Please visit us at penguinrandomhouse.com | Printed in China | ISBN 9780803737006 (hardcover) | Puffin ISBN: 9780451481641

1 3 5 7 9 10 8 6 4 2

Design by Jennifer Kelly | Text set in Requiem Fine

The interior artwork was created in oils on canvas. The front and back covers were created in oils on panel.

NOTES ABOUT THE FLAG AND OTHER PATRIOTIC SYMBOLS IN THIS BOOK

The American flag that we see flying everywhere in the U.S. has a blue field with fifty white stars representing each state of the union in the upper left corner. But the flag did not always look this way. The first flag, sewn by Betsy Ross, was pieced together from different scraps of fabric and bore just thirteen stars, arranged in a circle, one for each of the original colonies. Today, these first states honored by the thirteen bold stripes of red and white that make up the rest of the flag. Although the look of the flag has changed over time, the emotions and ideas it inspire have not—liberty, independence, and freedom for all.

The red, white, and blue that come together to weave the colors of our flag can be seen in America's rich landscape, in blue lakes and skies, in white clouds and snowcapped mountains, and in red barns and apple trees dotting the countryside. And just as our flag was woven with threads of different colors, our nation was woven with people of different colors and customs.

The ideals of America, the beauty of its land, the strength of its history are united in the symbolism of the flag. Yet the flag is not the only symbol of America. Equally representative of the United States is the Statue of Liberty, which stands in New York Harbor.

Made by the French sculptor Frédéric-Auguste Bartholdi and supported by the French government, it was meant to honor the Centennial of the United States in 1876, but was finally erected in 1886 on Liberty Island. It served as an inspiration to the millions of immigrants who passed by her on their way to Ellis Island in the hope of beginning a life of more opportunity in the United States. Other immigrant groups from Asia passed through ports on the West Coast. Today, reaching America can be done by plane or surface transport.

The bald eagle was chosen as the national bird in 1789 because of its great strength and fierce beauty, and also because it is native to North America. The eagle appears with wings outstretched on the Great Seal of the United States. You can see the Great Seal on the back of the one-dollar bill.

In addition, the rose is our national flower, the oak is our national tree, the "Star-Spangled Banner" is our national anthem, and "In God We Trust" is our national motto.

All-American is a term that refers to things that are symbolic of everyday American life. These include baseball (our national pastime), apple pie, and hot dogs, among others. It also can mean that we are all Americans, and entitled to life, liberty, and the pursuit of happiness—freedoms guaranteed in the Declaration of Independence and guarded by our veterans—and to enjoy the ideals of perseverance, justice, and ingenuity that are so uniquely and wonderfully American.

On July 20, 1969, the astronaut Neil Armstrong stepped onto the moon and said, "One small step for man, one giant leap for mankind." He planted the American flag as a symbol of how high and far liberty can take us.

Notas sobre la bandera y otros símbolos patrióticos en este libro:

La bandera de Estados Unidos, que vemos ondear en muchos lugares del país, muestra en la esquina superior izquierda un rectángulo azul con cincuenta estrellas que representan cada uno de los estados de la Unión. Pero la bandera no siempre lució así. La primera bandera, que cosió Betsy Ross, fue hecha con diferentes retazos de tela, y constaba solo de trece estrellas colocadas en forma de círculo, una por cada una de las primeras colonias. Hoy, los trece primeros estados se representan con las trece franjas rojas y blancas que componen el resto de la bandera. Aunque la bandera ha cambiado a través de los años, los sentimientos e ideales que evoca se mantienen firmes: libertad, independencia y derechos civiles para todos.

El rojo, blanco y azul que se unen para tejer los colores de nuestra bandera pueden apreciarse en el rico paisaje de Estados Unidos: en los celestes cielos y lagos, en las blancas nubes y cimas nevadas y en los rojos graneros y manzanos que jaspean el campo. Y así como nuestra bandera fue tejida con fibras de muchos colores, nuestra nación fue forjada con gente de diferentes colores y costumbres.

Consiste en tres partes comparativas: los ideales de Estados Unidos, la belleza de su paisaje y la fuerza de su historia se aúnan en el simbolismo de la bandera, pero esta no es el único símbolo de Estados Unidos. De igual importancia es La Estatua de la Libertad, que se alza en la bahía de Nueva York.

Obra del escultor francés Frederic Bartholdi con el apoyo del Gobierno francés, fue concebida para conmemorar el Centenario de la Independencia de Estados en 1876, pero no fue inaugurada hasta 1886, en la isla de la Libertad. La estatua ha sido un símbolo de inspiración para millones de inmigrantes que pasaron frente a ella de camino a la isla de Ellis con la esperanza de comenzar una vida de mejores oportunidades en Estados Unidos. Otros grupos de inmigrantes, procedentes de Asia, entraron por los puertos de la Costa Oeste. Hoy se puede llegar a Estados Unidos por avión o transporte terrestre.

El águila calva fue adoptada como ave nacional en 1789 por su enorme fuerza y su feroz belleza, y también porque es originaria de Norteamérica. El águila aparece con sus alas extendidas en el Gran Sello de Estados Unidos. Puedes ver el Gran Sello en el reverso del billete de un dólar.

Además, la rosa es nuestra flor nacional, el roble es nuestro árbol nacional, *Star Spangled Banner* (La bandera adornada de estrellas) es nuestro himno nacional y «en Dios confiamos» es nuestro lema.

All-American (Estampa americana) es una expresión que se refiere a cosas que son simbólicas de la vida cotidiana de Estados Unidos, como el béisbol (nuestro pasatiempo nacional), el pastel de manzana y los perritos calientes, entre otros. También significa que todos somos americanos y que tenemos ciertos derechos, entre los que están la vida, la libertad y la búsqueda de la felicidad —derechos garantizados por la Declaración de Independencia y salvaguardados por nuestros veteranos—, y disfrutar de los ideales de perseverancia, justicia e ingenio, tan singulares y maravillosamente americanos.

El 20 de julio de 1969, el astronauta Neil Armstrong pisó la Luna y dijo: «Un pequeño paso para el hombre, un gran salto para la humanidad». Clavó la bandera de Estados Unidos como un símbolo de lo alto y lejos que podemos llegar gracias a la libertad.

WITH LIBERTY AND JUSTICE FOR ALL
CON LIBERTAD Y JUSTICIA PARA TODOS